COCINA RICA EN FIBRA

EDIMAT Libros
www.edimat.es

Contenido

Introducción

Un régimen alimenticio con fibra, o polisacáridos sin fécula, como es más apropiado llamarlo, juega un papel fundamental en una dieta adecuadamente equilibrada. Es importante para mantener un sistema digestivo saludable y en la prevención de enfermedades del corazón y algunos cánceres. La cantidad media de fibra que se consume es de 11-13 g por día, aunque la ingestión recomendada diaria es de entre 12 – 18 g.

Es muy fácil incrementar el contenido de fibra en sus comidas, simplemente reemplazando ingredientes refinados por no refinados o añadiendo judías, frutas o verduras extra a sus platos. Merece la pena guardar una reserva de ingredientes ricos en fibra en su despensa: arroz integral, judías secas y en lata, guisantes, avellanas, semillas, harina integral y pasta integral. Un buen suplemento de fruta fresca y verduras no sólo aumenta la fibra en la dieta, sino que también aporta importantes vitaminas y minerales.

Todas las apetecibles y nutritivas recetas de este libro contienen un mínimo de 4 g de fibra por ración. Hay también información útil de cómo aumentar la fibra en su dieta.
Éste es su primer paso importante para ganar en salud, vitalidad y bienestar general.

Comiendo abundante fibra

Dieta rica en fibra de por vida

Aunque es fácil cambiar a una dieta más rica en fibra, debería hacerse gradualmente, ya que los cambios bruscos en los hábitos alimenticios pueden afectar a su sistema digestivo. Por ejemplo, use una mezcla de harina blanca y harina integral cuando introduzca fibra en su dieta por primera vez.

Hay otras muchas formas de aumentar la fibra en su dieta además de sólo añadir salvado. De hecho, el salvado de trigo puede ser un agente irritante y contiene una sustancia llamada *phytate*, que puede interferir en la absorción de minerales. Si elije alimentos que son por naturaleza ricos en fibra, también se beneficiará de otros nutrientes importantes que hay en esos alimentos. Simplemente el cambiar de pan blanco a pan integral, de pasta blanca a pasta integral, de arroz blanco a arroz integral o eligiendo cereales integrales para el desayuno, son formas sencillas de introducir gradualmente más fibra en su dieta.

Añada fruta seca, como uvas pasas picadas o peras o melocotones secos preparados para comer, a los cereales del desayuno. Mejore las sopas añadiendo legumbres cocidas, como judías, guisantes o lentejas. Añada raíces de verduras ralladas a las cazuelas, guisos y salsas. Use pan rallado integral cuando lo necesite para rellenar, para hacer capas y para espolvorear por encima.

Evite pelar las frutas y las verduras, pero siempre lávelas a fondo. Las patatas son especialmente deliciosas si se cocinan con piel al horno, cocidas o incluso asadas.

Sirva platos cuyo ingrediente principal sea la legumbre y elija de postre una ensalada de fruta fresca, seca o compota, pudin de pan integral, pasteles de frutos secos con masa integral o pasteles de fruta. Sirva pan, panecillos, pan de pita o tostadas con cada comida.

Haga bocadillos usando pan integral, pan con cereales o pan con granos de trigo malteado y de aperitivo tome fruta fresca o seca.

Tabla de alimentos ricos en fibra

La tabla muestra la fibra dietética en gramos por 100 g/3 ½de producto alimenticio.

	Fibra
Pan	
integral	3,5
con granos de trigo	4,3
blanco	1,5
blanco con fibra	3,1
integral	5,8
pita integral	6,4
Desayuno cereales	
all-bran	24,5
branflakes	13
corn-flakes	0,9
fruta y fibra	7
muesli (sin azúcar añadido)	7,6
ready brek	7,2
maíz molido	9,8
weetabix	9,7
Harinas y granos	
arroz integral cocido	0,8
gachas de avena	7
salvado de trigo	36,4
harina de trigo blanca	3,1
harina de trigo integral	9
arroz blanco cocido	0,1
pasta blanca cocida	1,2
pasta integral cocida	3,5
Fruta (las cantidades dadas son para la fruta madura a menos que se indique lo contrario)	
manzana	1,8
aguacate	3,4
plátano	1,1
higos secos	6,9
grosellas cocidas sin azúcar	2
pomelo	1,3
mango	2,5
naranja	1,7
melocotón	1,5
melocotón seco	7,3
pera	2,2
pera seca	8,3
piña	1,2
ciruelas pasas	5,7
uvas pasas	2
uvas sultanas	2
Nueces y semillas	
almendras	7,4
nuez del Brasil	4,3
coco rallado y seco	13,7
avellanas	6,5
cacahuetes	6,2
pistachos	6,1
pipas de calabaza	5,3
semillas de sésamo	7,9
Repostería	
pasta quebrada cocida	2,2
pasta quebrada integral cocida	6,3
Legumbres	
judías cocidas en salsa de tomate	3,7
judías blancas en lata	4,6
garbanzos en lata	4,1
lentejas pardas y verdes cocidas	3,8
lentejas, secas cocidas	1,9
guisantes con vaina cocidos	2,2
guisantes cocidos	5,1
judías pintas	6,2
Verduras	
brécol cocido	2,3
coles de Bruselas cocidas	3,1
col cocida	1,8
zanahorias cocidas	2,5
puerros cocidos	1,7
cebolla cruda	1,4
chirivía cocida	4,7
patatas asadas con piel	2,7
espinacas crudas	2,1
cebolletas cocidas	2,6
batatas cocidas	2,3
granos de maíz en lata	1,4
nabos cocidos	1,9

Técnicas útiles

Cómo preparar legumbres

Para destruir las toxinas nocivas, la mayoría de las legumbres necesitan ser hervidas rápidamente, 10 min sin tapar. Luego el calor debería reducirse para que hierva a fuego lento hasta el fin de la cocción.

1 Quite cualquier piedra o guisante o judía descolorida y lave las legumbres con agua fría.

2 Ponga las judías o guisantes en un cuenco, cubra con agua fría y deje en remojo durante al menos 4 h. Las lentejas no necesitan ponerse en remojo. Escurra y lave bien.

3 Una alternativa más rápida es poner las judías o guisantes secos en una cacerola grande con agua, llevar a ebullición, y cocer durante 2 min, para después dejarlas en remojo durante 2 h. Después escurra y lave bien.

4 En cualquier caso, escurra las legumbres y lávelas bien. Así están ya preparadas.

5 Ponga las judías o guisantes en remojo y escurridas, o las lentejas en una cacerola de agua fría (3 partes de agua por 1 de legumbres) y lleve a ebullición. Cueza durante 10 min sin tapar, baje el fuego y cueza a fuego lento hasta que estén tiernas. No añada sal durante la cocción, porque ésta endurecería las pieles.

Cómo cocer arroz integral de grano largo

1 Ponga el arroz en una cacerola grande y cubra con agua hirviendo (aprox. 5 $\frac{3}{4}$ tazas de agua por 1 $\frac{1}{3}$ tazas de arroz). Remueva, lleve otra vez a ebullición y cueza, a fuego lento, sin tapar 35 min, hasta que esté tierno pero no demasiado.

2 Escurra el arroz a través de un colador fino. Después lávelo con agua hirviendo para quitar el pegajoso almidón.

Cómo hacer pasta quebrada integral

1 Ponga la harina integral y sal en un cuenco y añada la grasa. Frótela dentro de la harina con la yema de los dedos hasta que la mezcla parezca pan rallado. Con un cuchillo de hoja redondeada, eche pequeñas cantidades de agua hasta que la mezcla empiece a pegarse.

2 Coja toda la masa y amásela para formar una bola blanda y suave. Tape y deje reposar en el frigorífico 30 min antes de usar.

Minestrone

Una gloriosa mezcla de legumbres, verduras frescas y pasta, esta clásica sopa de campesinos es saludable, saciante y completamente deliciosa.

6-8 personas

INGREDIENTES
2 cucharadas de aceite de oliva
50 g/2 oz de tocino entreverado ahumado
2 cebollas grandes, picadas
2 dientes de ajo, machacados
2 zanahorias medianas, cortadas en dados
3 ramas de apio, cortado en rodajas
1 ¼ tazas de judías secas, remojadas en agua fría y escurridas
400 g/14 oz de tomates picados en lata
10 tazas de caldo de carne
350 g/12 oz de patatas, cortadas en dados
1 ½ tazas de pasta pequeña (como macarrones, estrellas o conchas)
2 tazas de col verde, cortada en láminas finas
1 taza de judías verdes, en tiras finas
1 taza de guisantes congelados
3 cucharadas de perejil fresco picado
sal y pimienta negra recién molida
queso Parmesano recién rallado para servir

1 Caliente el aceite de oliva en una cacerola grande y añada en tocino en daditos, las cebollas picadas y el ajo machacado. Tape y fría despacio, removiendo constantemente, 5 min hasta que la cebolla empiece a ablandarse.

2 Añada las zanahorias y el apio a la mezcla de tocino y cueza 2-3 min, hasta que se ablande.

3 Añada las judías secas a la cacerola con los tomates picados y el caldo. Lleve a ebullición, después baje el fuego. Tape y cueza a fuego lento durante 2- 2 ½ horas, hasta que las judías estén tiernas.

VARIACIÓN: Para hacer *Soupé au Pistou* del sur de Francia, eche salsa de albahaca, ajo y piñones (*pesto* o *pistou*) justo antes de servir.

4 Añada las patatas 30 min antes de que la sopa esté terminada. Añada la pasta, la col, los guisantes y el perejil 15 min antes de que la sopa esté preparada. Sazone al gusto y sirva con un cuenco de queso Parmesano recién rallado.

Sopa de lentejas y tomate

Rica en fibra y en proteínas, las lentejas no tienen un sabor fuerte, así que son perfectas combinadas con otros ingredientes con más sabor.

4 personas

INGREDIENTES

3 cucharadas de aceite de oliva extra virgen
3 lonchas de tocino entreverado sin corteza, cortado en dados pequeños
1 cebolla, picada fina
2 ramas de apio, picadas finas
2 zanahorias, cortadas en daditos pequeños
2 ramitas de romero, picadas finas
2 hojas de laurel
1 taza de lentejas marrones o verdes secas
400 g/14 oz de tomates de pera en lata
7 ½ tazas de caldo de verduras
sal y pimienta negra recién molida
hojas de laurel y ramitas de romero para adornar

1 Caliente el aceite en una cacerola grande. Añada el tocino y fría 3 min, después eche la cebolla y fría 5 min, hasta que se ablande. Eche en el preparado el apio, las zanahorias, el romero, las hojas de laurel y las lentejas. Mezcle en el fuego 1 min, hasta que todo esté impregnado a fondo por el aceite.

2 Vuelque los tomates y el caldo y lleve a ebullición. Baje el fuego, tape la cacerola a medias y cueza a fuego lento durante 1 hora aproximadamente, o hasta que las lentejas estén tiernas.

3 Quite las hojas de laurel, sazone con sal y pimienta y sirva con un adorno de hojas de laurel frescas y ramitas de romero.

CONSEJOS: Si no está acostumbrado a comer legumbres y está preocupado por encontrarlas indigestas, las lentejas son una buena opción para empezar porque se digieren más fácilmente que las judías más grandes. Busque las lentejas verdes pequeñas en tiendas de comestibles de calidad o *delicatessens*. Guarde todas las legumbres en recipientes herméticos en lugares frescos, secos y oscuros.

Sopa de pasta y garbanzos

Como todas las legumbres, los garbanzos son una valiosa fuente de fibra dietética y carbohidratos complejos. También tienen un maravilloso sabor a nuez que es realzado por el beicon y el ajo en esta sustanciosa sopa.

4-6 personas

INGREDIENTES

1 taza de garbanzos secos, puestos en remojo durante toda la noche en agua fría y escurridos.
3 dientes de ajos
1 hoja de laurel
6 cucharadas de aceite de oliva
⅓ de taza de beicon, en dados
1 ramita de romero fresco, y otra para adornar
2 ½ tazas de agua
150 g/5 oz de pasta pequeña y hueca
sal y pimienta negra recién molida.

1 Ponga los garbanzos en una cacerola grande con agua hasta cubrirlos. Lave y escúrralos. Vuelva a echar los garbanzos a la cacerola. Añada agua hasta cubrirlos, 1 diente de ajo, la hoja de laurel, 3 cucharadas de aceite, sal y pimienta molida. Lleve a ebullición, después baje el fuego.

2 Cueza a fuego lento, añadiendo agua si es necesario, durante 2 h, hasta que estén tiernos. Quite la hoja de laurel. Pase aproximadamente la mitad de los garbanzos por un pasapurés o robot de cocina con unas cuantas cucharadas del caldo. Vuelva a echar el puré a la cacerola con el resto de los garbanzos y con el resto del agua de cocción.

3 Saltee el beicon suavemente en el resto del aceite con el romero y el resto del ajo, sólo hasta que se dore. Quite el romero y el ajo. Añada el beicon, con la grasa que ha soltado, a los garbanzos.

4 Añada 2 tazas y ½ de agua a los garbanzos y lleve a ebullición. Eche más sal y pimienta si es necesario. Baje en fuego, eche la pasta y cueza justo hasta que esté tierna. Sirva la sopa acompañada con una ramita de romero fresco.

CONSEJOS: Deje que la sopa repose durante 10 min antes de servirla para permitir que adquiera sabor y textura. El éxito está asegurado.

Gazpacho de hierbas y chile

Los expertos en nutrición recomiendan tomar abundantes verduras crudas y frescas, y ¿qué mejor forma de servirlas que en esta refrescante sopa de chile?

6 personas

INGREDIENTES

1,2 kg/2 ½ lb de tomates maduros
225 g/8 oz de cebolla
2 pimientos verdes, sin el corazón ni las pepitas
1 chile verde, sin pepitas
1 pepino grande
2 cucharadas de vinagre de vino tinto
1 cucharada de vinagre balsámico
2 cucharadas de aceite de oliva
1 diente de ajo, machacado
1 ¼ taza de zumo de tomate
2 cucharadas de puré de tomate
sal y pimienta recién molida
2 cucharadas de hiervas frescas mezcladas y picadas, más un poco para adornar
panecillos integrales, para servir

1 Reserve aproximadamente ¼ de todas las verduras frescas, excepto el chile verde. Pique las verduras en trozos grandes y después póngalas junto con el resto de ingredientes en un robot de cocina. Sazone al gusto, después mézclelo finamente. Enfríe la mezcla en la nevera.

2 Pique todas las verduras reservadas y sirva en un cuenco aparte para rociar la sopa por encima.

3 Triture algunos cubitos de hielo y échelos al centro de cada cuenco de servir, reparta la sopa entre ellos y decore con hierbas frescas. Sirva con los panecillos integrales.

Crudités con hummus

No sólo saludable, sino rápido y fácil de preparar, el hummus casero, servido con verduras crudas y una selección de pan, es siempre popular.

2-3 personas

INGREDIENTES
425 g/15 oz de garbanzos en lata escurridos
2 cucharadas de pasta tahini
2 cucharadas de zumo de limón recién exprimido
1 diente de ajo machacado
sal y pimienta negra recién molida
aceite de oliva y páprika para adornar

PARA SERVIR
una selección de verduras de ensalada como pepino, achicoria, zanahorias *baby*, tiras de pimiento, rábanos
trozos de pan regulares, como pita, pan de nuez, pan con granos de trigo malteados, *naan*, pan de ajo o colines *grissini*.

1 Ponga los garbanzos, la pasta tahini, el zumo de limón, el ajo y el sazonado en la batidora y mezcle y logre una pasta suave.

2 Eche cucharadas de hummus en un cuenco y forme remolinos en la parte de arriba con la parte trasera de una cuchara. Eche un chorrito de aceite de oliva y espolvoree con páprika.

3 Prepare una selección de verduras frescas de ensalada y trazos de sus panes favoritos o colines *grissini*.

4 Coloque en un colorido revuelto en un plato grande con el cuenco de hummus en el centro ¡después moje y coma!

Paté de champiñones y judías

Un paté ligero y sabroso, que está delicioso servido sobre pan integral o tostadas como entrante o delicioso aperitivo para la hora del aperitivo.

12 personas

INGREDIENTES
6 tazas de champiñones, en láminas
1 cebolla, picada
2 dientes de ajo, machacados
1 pimiento rojo, sin el corazón ni las pepitas y cortado en dados
2 cucharadas de caldo de verduras
2 cucharadas de vino blanco seco
400 g/14 oz de judías pintas en lata, enjuagadas y escurridas
1 huevo, batido
una taza de pan integral recién rallado
1 cucharada de tomillo fresco picado
1 cucharada de romero fresco picado
sal y pimienta negra recién molida
lechuga y tomates, para adornar
tostadas integrales, para servir

1 Precaliente el horno a 180 °C/350 °F. Engrase y forre un molde alargado antiadherente de 900 g/2 lb. Ponga los champiñones, la cebolla, el ajo, el pimiento rojo, el caldo y el vino en una cacerola. Tape y cueza, removiendo 10 min.

2 Enfríe un poco y mezcle con las judías en la batidora. Pase el huevo a un cuenco, el pan rallado, las hierbas y sazone todo.

3 Eche cucharadas de la mezcla en el molde y nivele la superficie. Cueza al horno 45-60 min hasta que esté cuajado y dorado. Coloque en un soporte de alambre y deje que se enfríe en el molde, después enfría en la nevera varias horas. Dé la vuelta y sirva en rodajas con tostadas, lechuga y tomates.

Ensalada de atún y judías

Esta sustanciosa ensalada está llena de proteínas, vitaminas, grasas insaturadas y una saludable decena de gramos de fibra por ración.

4-6 personas

INGREDIENTES
2 latas de 400 g/14 oz de judías *cannellini* o *borlotti*
2 latas de 200 g/7 oz de atún escurridas
4 cucharadas de aceite de oliva extra virgen
2 cucharadas de zumo de limón
1 cucharada de perejil fresco picado
3 cebolletas, en láminas finas
sal y pimienta negra recién molida

1 Ponga las judías en un plato de servir. Desmenuzca el atún en escamas bastante grandes y colóquelas sobre las judías.

2 En un cuenco pequeño, haga el aliño mezclando el aceite con el zumo de limón. Sazone con sal y pimienta y añada el perejil. Mezcle bien.

3 Vierta el aliño sobre las judías y el atún. Espolvoree con las cebolletas. Mezcle bien antes de servir.

Bacalao con lentejas y puerros

No sólo las lentejas verdes tienen mejor sabor que las rojas y conservan su forma cuando se cuecen, sino que también son más ricas en fibra.

4 personas

INGREDIENTES
⅔ taza de lentejas verdes, lavadas
1 hoja de laurel
1 diente de ajo picado fino
la corteza rallada de una naranja
la corteza rallada de un limón
un pellizco de comino molido
1 cucharada de mantequilla
450 g/1 lb de puerros cortados en rodajas o en juliana
1 ¼ taza de nata para montar
1 cucharada de zumo de limón, para sazonar
800 g/1¾ lb de bacalao sin piel o filetes de merluza
sal y pimienta negra recién molida

1 Ponga las lentejas en una cacerola grande con la hoja de laurel, el ajo picado y agua, suficiente para cubrirlas, 5 min. Lleve a ebullición. Cueza despacio 10 min, después baje el fuego y cueza a fuego lento otros 15-30 min, justo hasta que se pongan tiernas.

VARIACIÓN: Para reducir en contenido de grasas de este plato, puede reemplazar la nata por nata semi-grasa.

2 Escurra las lentejas y quite la hoja de laurel. Eche la mitad de la cáscara de naranja y toda la cáscara de limón y sazone con comino, sal y pimienta. Páselo a una fuente resistente al horno poco profunda. Precaliente el horno a 190 °C/375 °F.

3 Derrita la mantequilla en una cacerola a fuego medio. Saltee los puerros, removiendo, hasta que se ablanden.

4 Añada 1 taza de la nata y el resto de la corteza de naranja. Cueza despacio 15-20 min más, hasta que los puerros estén blandos y la nata haya espesado. Eche el zumo de limón y sazone con sal y pimienta.

5 Corte los filetes de pescado en 4 trozos y quite las espinas. Sazone el pescado con sal y pimienta, póngalo encima de la mezcla de lentejas y presione ligeramente. Cubra cada trozo de pescado con un cuarto de la mezcla de puerros y vierta aprox. 1 cucharada de la nata restante sobre cada uno.

6 Cueza al horno 30 min, hasta que el pescado esté hecho y por arriba esté ligeramente dorado.

CONSEJOS: Las legumbres pueden cocerse, escurrirse y congelarse. Aquí, descongélelas antes de usarlas.

Risotto de pollo y judías

El arroz integral, las judías pintas, el maíz dulce y el brécol añaden fibra extra a este sabroso *risotto*. Sirva como una saciante comida o cena.

4-6 personas

INGREDIENTES

1 cebolla picada y 2 dientes de ajo machacados
1 chile rojo fresco, sin semillas y picado fino
2 ½ tazas de champiñones, en láminas
2 ramas de apio picado
1 taza de arroz integral de grano largo
2 tazas de caldo y ⅔ de taza de vino blanco
225 g/8 oz de pechuga de pollo sin piel ni huesos, cortada en dados
400 g/14 oz de judías pintas en lata, enjuagadas y secas
200 g/7 oz de granos de maíz dulce en lata, escurridos
⅔ taza de pasas sultanas
175 g/6 oz de cogollos de brécol
2-3 cucharadas de hierbas variadas, frescas y picadas
sal y pimienta negra recién molida

1 Ponga la cebolla, el ajo, el chile, los champiñones, el apio, el arroz, el caldo y el vino, en una cacerola. Tápelo y cueza a fuego lento 15 min.

2 Eche el pollo, las judías pintas, el maíz dulce y las pasas sultanas. Cueza 20 min más hasta que casi todo el líquido se haya absorbido.

3 Mientras tanto, cueza los cogollos de brécol en agua hirviendo 5 min, después escurra bien.

VARIACIÓN: Use 1 cucharadita de chile picante en polvo o ½ cucharadita de escamas de chile, en lugar del chile fresco, si lo prefiere.

4 Eche los cogollitos de brécol al *risotto* y añada las hierbas frescas picadas. Sazone al gusto con sal y pimienta negra recién molida y sirva inmediatamente.

Cuscús a las siete verduras

El cuscús está hecho de granos de sémola ricos en fibra a los que se les ha hecho rodar ligeramente humedecidos y recubiertos de harina de trigo.

6 personas

INGREDIENTES
2 cucharadas de aceite de girasol o de oliva
450 g/1 lb de carne magra de cordero
¾ de pechuga de pollo, por la mitad.
2 cebollas picadas
350 g/12 oz de zanahorias cortadas en trozos
225 g/8 oz de chirivía cortada en trozos
115 g/4 oz de nabos cortados en trozos
6 tomates pelados y picados
3 ¾ tazas de caldo de pollo
un buen pellizco de jengibre
1 ramita de canela
400 g/14 oz de garbanzos de lata escurridos
2 tazas de cuscús
2 calabacines pequeños cortados en juliana
¾ de taza de judías francesas, limpias y cortadas por la mitad si es necesario
⅓ de taza de uvas pasas
un poco de harissa o salsa Tabasco
sal y pimienta negra recién molida

1 Caliente la mitad del aceite en una cacerola grande y fría el cordero, removiendo continuamente, hasta que esté bien dorado. Pase a un plato con una espumadera. Añada el pollo y fría hasta que esté dorado. Pase al plato con el cordero.

2 Caliente el aceite restante y fría la cebolla a fuego suave 2-3 min. Añada las zanahorias, chirivías y nabos. Remueva, tape y fría sin dejar de remover 5-6 min.

3 Añada los tomates, el cordero, el pollo y el caldo. Sazone al gusto y añada el jengibre y la canela. Lleve a ebullición y cueza a fuego lento durante 35-45 min, hasta que la carne esté casi tierna.

4 Retire la piel de los garbanzos frotando con los dedos en agua fría. Quítelos y escurra. Prepare el cuscús siguiendo las instrucciones del paquete.

5 Añada los garbanzos, los calabacines, las judías y las pasas a la cazuela, remueva y cueza 10-15 min, hasta que las verduras y la carne estén tiernas. Apile el cuscús en una fuente grande, haciendo un agujero pequeño en el centro.

6 Pase el pollo a una fuente, quite la piel y los huesos, si quiere. Eche 4 cucharadas grandes de caldo en un cazo, añada la harissa o la salsa Tabasco y caliente a fuego suave. Vuelva a echar el pollo al guiso y ponga cucharadas del guiso sobre el cuscús. Sirva la salsa por separado.

Toulouse cassoulet

Hay muchas variantes de este plato saciante y nutritivo. Éste lleva cordero y cerdo además de salchichas de Toulouse.

6-8 personas

INGREDIENTES
450 g/1 lb de judías blancas secas (alubias o *cannellini*), remojadas en agua fría, escurridas y enjuagadas
675 g/1 ½ lb de salchichas de Toulouse
500 g/1 ¼ lb de paletilla de cordero deshuesada, cortada en trozos de 5 cm/2 in
500 g/1 ¼ lb de paletilla de cerdo deshuesada, en trozos de 5 cm/2 in
1 cebolla grande, picada fina
3-4 dientes de ajo, picados finos
4 tomates pelados, sin pepitas y picados
un ramillete de hierbas aromáticas
1 ¼ taza de caldo de pollo
4 cucharadas de pan rallado reciente
sal y pimienta negra recién molida

1 Ponga las judías en una cacerola con agua hasta que las cubra. Cueza a fuego fuerte 10 min y escurra. Échelas en una cacerola, cúbralas con agua y lleve a ebullición. Baje el fuego y cuézalas a fuego lento 45 min. Añada un poco de sal y déjelas en remojo en el agua de cocción.

2 Precaliente el horno a 180 °C/350 °F. Pinche las salchichas y fríalas en una sartén grande a fuego medio, dándoles la vuelta de vez en vez, durante 20-25 min, hasta que estén doradas. Escurra sobre papel de cocina y vierta toda la grasa de la sartén menos 1 cucharada.

3 Suba el fuego a fuego medio. Sazone el cordero y el cerdo y póngalo en la sartén, lo bastante como para cubrir la base de la sartén. Fría hasta que esté dorado y continúe friendo por tandas.

4 Añada la cebolla y el ajo a la cacerola y cueza removiendo durante 3-4 min. Eche los tomates y cueza otros 2-3 min. Pase las verduras al plato con la carne. Añada el caldo a la cazuela, lleve a ebullición y quite la grasa.

5 Con una espumadera, ponga ¼ de las judías en una cacerola. Ponga encima ⅓ de las salchichas, las verduras y la carne. Continúe haciendo capas con judías. Añada el ramillete de hierbas aromáticas, el caldo y el líquido de cocción de las judías para cubrirlo.

6 Tape y cueza en el horno 2 h (añadiendo más líquido de cocción de las judías si es necesario). Destape la cacerola, espolvoree el pan rallado y presione con una cuchara. Cueza destapado 20 min.

Ternera y verduras rehogadas

Rehogar es una saludable técnica culinaria, la cual es tan rápida como poco aceite necesita y que mantiene la mayoría de los nutrientes.

4 personas

INGREDIENTES
2-3 cucharaditas de chile en polvo
1 cucharadita de comino molido
½ cucharadita de orégano seco
450 g/1 lb de la parte de arriba de la ternera cortada en tiras finas
2 cucharadas de aceite vegetal
5 cebolletas cortadas en diagonal en rodajas de 2,5 cm/1 in
1 pimiento verde pequeño, sin corazón ni pepitas y cortado en láminas finas
1 pimiento rojo pequeño, sin corazón ni pepitas y cortado en láminas finas
1 pimiento amarillo pequeño, sin corazón ni pepitas y cortado en láminas finas
115 g/4 oz de mazorcas de maíz *baby*, cortadas por la mitad longitudinalmente o 225 g/8 oz de maíz dulce en lata, escurrido
4 dientes de ajo machacados
2 cucharadas de zumo de lima o limón
2 cucharadas de cilantro fresco picado
sal y pimienta negra recién molida

VARIACIÓN: Esta receta también queda bien si se usan tiras de pechuga de pollo sin piel o tiras de cerdo magro.

1 En un cuenco mediano, mezcle las especias, el orégano y un poco de sal y pimienta. Frote la mezcla con las tiras de ternera e impregne por todos los lados.

2 Caliente la mitad del aceite en un wok o sartén a fuego fuerte. Añada la ternera y rehogue 3-4 min hasta que se dore bien. Saque la ternera del wok con una espumadera y reserve caliente.

3 Caliente el resto del aceite vegetal en el wok y rehogue las cebolletas, los pimientos, el maíz y el ajo 3 min, justo hasta que estén tiernas.

4 Vuelva a echar brevemente la ternera al wok y mezcle con las verduras y caliente bien. Eche el zumo de lima o limón y el cilantro fresco picado y sirva.

Col de Saboya con setas y cebada

Aunque la cebada perlada es ligeramente más refinada que el grano integral, con la mayoría de la cáscara quitada se cuece más rápidamente y queda más tierna.

4 personas

INGREDIENTES
4 cucharadas de mantequilla sin sal
2 cebollas medianas picadas
1 ramita de apio, en rodajas
3 tazas de setas silvestres y cultivadas surtidas, limpias y picadas gruesamente, o 2 cucharaditas de setas secas remojadas en agua templada durante 20 min y 3 tazas de setas castañas gruesamente picadas
1 ¼ taza de cebada perlada
1 ramita de tomillo fresco
3 tazas de agua
2 cucharadas de mantequilla de almendras o anacardos
½ pastilla de caldo vegetal
1 col de Saboya
sal y pimienta negra recién molida

1 Derrita la mantequilla en una cacerola grande y fría las cebollas y el ajo durante 6-8 min, hasta que se ablanden. Añada las setas y fría hasta que las setas suelten sus jugos, después añada la cebada, el tomillo, el agua y la mantequilla de almendras o anacardos. Lleve a ebullición, tapa y deje cocer durante 30 min. Añada la media pastilla de caldo vegetal y cueza a fuego lento durante otros 20 min. Sazone al gusto.

2 Separe las hojas de la col y quite los troncos gruesos. Escalde las hojas en agua salada hirviendo durante 3-4 min. Escurra y refresque bajo el grifo de agua fría y escurra otra vez.

3 Ponga un trozo cuadrado de muselina de 45 cm/18 in sobre una cesta para cocer al vapor. Reconstruya la col cubriendo las hojas más grandes con la muselina. Extienda una capa de setas y cebada sobre las hojas.

4 Cubra con una segunda capa de hojas rellenas de setas y cebada. Continúe hasta que el centro esté lleno. Sujete los ángulos opuestos de la muselina y átelos fuertemente. Ponga la cesta en una cacerola con 2,5 cm/1 in de agua cociendo a fuego lento, tape y deje cocer al vapor 30 min.

5 Para servir, colóquelo en un plato de servir caliente, desate la muselina, y con cuidado retírela de debajo de la col rellena.

CONSEJOS: Hay disponible una variedad de mantequillas de nuez en las tiendas de productos naturales.

Tallarines con salsa de tomate y calabacín

Además de ser una excelente fuente de fibra y rica en carbohidratos complejos, la pasta es inmensamente versátil y fácil de preparar.

3-4 personas

INGREDIENTES
225 g/8 oz de tallarines integrales
2 cucharadas de aceite de oliva
1 cebolla picada
2 ramas de apio, picadas
1 diente de ajo, machacado
2 calabacines, partidos por la mitad a lo largo y después en rodajas
5-6 tomates maduros pelados y en trozos
2 cucharadas de pasta de tomates secos
½ taza de almendras tostadas fileteadas
sal y pimienta negra recién molida

1 Lleve a ebullición una cacerola grande con agua ligeramente salada, añada la pasta y cueza durante 10-12 min (o siguiendo las instrucciones del paquete), justo hasta que esté tierna.

CONSEJOS: Si utiliza pasta fresca, necesitará el doble de cantidad. Los tallarines frescos sólo necesitan 3-4 min para cocerse y están preparados cuando resultan tiernos pero todavía al-dente. En ese momento retírelos del fuego.

2 Mientras tanto, caliente el aceite en otra cacerola y añada la cebolla, el apio, el ajo y los calabacines. Saltee a fuego suave durante 3-4 min, o hasta que las cebollas estén blandas y ligeramente doradas.

3 Eche los tomates y la pasta de tomates secos. Cueza suavemente durante 5 min más, después añada sal y pimienta al gusto.

4 Escurra la pasta, vuelva a echarla en la cacerola y añada la salsa. Colóquela en un plato de servir caliente, eche las almendras tostadas por encima y sirva inmediatamente.

Verduras rellenas a la griega

Verduras rellenas con un sabroso relleno de arroz, nueces, frutos secos, verduras y hierbas que son un nutritivo, bien equilibrado y riquísimo plato principal vegetariano. El relleno también sirve como deliciosa ensalada.

3-6 personas

INGREDIENTES
1 berenjena mediana
2 tomates grandes
1 cebolla grande picada
2 dientes de ajo machacados
3 cucharadas de aceite de oliva
1 taza de arroz integral
2 ½ tazas de caldo vegetal
½ taza de piñones
¼ taza de grosellas
3 cucharadas de eneldo fresco picado
3 cucharadas de perejil fresco picado
1 cucharada de menta fresca picada
1 pimiento verde grande partido por la mitad, sin corazón ni pepitas
aceite de oliva extra para rociar
sal y pimienta negra recién molida
yogur griego y ramitas de eneldo fresco para adornar

1 Corte la berenjena por la mitad, saque la pulpa, dejando una capa fina y pique la pulpa finamente. Eche sal por dentro de las mitades de berenjena y póngalas boca abajo 20 min, mientras prepare el resto de los ingredientes.

2 Corte la parte de arriba de los tomates y saque la pulpa. Corte la pulpa y la parte de arriba de los tomates y deje a un lado.

3 Fría la cebolla, el ajo y la berenjena picada en el aceite durante 10 min, después eche el arroz y fría durante 2 min. Añada la pulpa de tomate, el caldo, los piñones y las grosellas y sazone. Lleve a ebullición, tape y deje cocer a fuego lento durante 25-30 min, hasta que el arroz esté tierno, después añada las hierbas frescas.

4 Precaliente el horno a 190 °C/375 °F, barnice un plato resistente al calor con aceite. Escalde la berenjena y las mitades de pimiento en agua hirviendo durante 3 min, después escúrralas boca abajo.

5 Eche cucharadas de arroz en las verduras y póngalas en el plato. Rocíe un poco de aceite de oliva sobre las verduras rellenas. Cueza en el horno durante 25-30 min. Sirva caliente con cucharadas de yogur griego y ramitas de eneldo.

Pizza de calabacín y maíz

Esta sabrosa *pizza* integral puede servirse caliente o fría con una ensalada mixta de judías y pan fresco crujiente o patatas asadas.

6 personas

INGREDIENTES
2 tazas de harina integral sin levadura
2 cucharaditas de levadura
4 cucharadas de margarina
⅔ taza de leche
2 cucharadas de puré de tomate
2 cucharaditas de hierbas provenzales secas
2 cucharaditas de aceite de oliva
1 cebolla en rodajas
1 diente de ajo, machacado
2 calabacines pequeños en rodajas
1 ⅔ taza de champiñones, en rodajas
¾ taza de maíz congelado
2 tomates pera, en rodajas
½ taza de queso rojo Leicester recién rallado
½ taza de mozzarella recién rallada
sal y pimienta negra recién molida
ramitas de albahaca para adornar

1 Precaliente el horno a 220 °C/425 °F. Forre una bandeja para horno con papel antiadherente para horno, si es necesario. Ponga la harina, una pizca de sal y la levadura en un cuenco y frote la margarina ligeramente en la harina hasta que la mezcla parezca pan rallado.

2 Añada bastante leche para formar una pasta blanda y amase ligeramente. En una superficie ligeramente enharinada, extienda con el rodillo la pasta formando un círculo de 25 cm/10 in de diámetro.

3 Ponga la masa en la bandeja de horno y haga los bordes ligeramente más gruesos que en el centro. Reparta el puré de tomate sobre la base y esparza las hierbas por encima.

4 Caliente el aceite en una sartén, añada la cebolla, el ajo, los calabacines y los champiñones y fría suavemente durante 10 min removiendo de vez en cuando.

5 Reparta la mezcla de verduras sobre la base de la *pizza* y extienda por encima el maíz y sazone. Coloque las rodajas de tomate por encima.

6 Mezcle los quesos y espárzalos sobre la *pizza*. Cueza al horno 25-30 min, hasta que esté cocida y dorada. Sirva caliente o fría en porciones y adorne con las ramitas de albahaca.

VARIACIÓN: Pruebe esta rápida base con otros ingredientes, como mazorcas de maíz baby, judías cocidas, tomates cherry o queso de cabra desmenuzado.

Biryani de chirivía, berenjena y anacardos

La chirivía tiene una cantidad de fibra mayor que casi cualquier otra verdura y aquí se combina con berenjenas y nueces en un *biryani* poco común.

4-6 personas

INGREDIENTES
1 berenjena pequeña, en rodajas
3 chirivías, peladas y sin corazón
3 cebollas
2 dientes de ajo
un trozo de raíz de jengibre fresco de 2,5 cm/ 1 in
aprox. 4 cucharadas de aceite vegetal
1 taza de anacardos desalados
¼ taza de pasas sultanas
1 pimiento rojo, sin corazón, sin pepitas y cortado en tiras
1 cucharadita de comino molido
1 cucharadita de cilantro molido
½ cucharadita de chile en polvo
½ taza de yogur natural
1 ¼ taza de caldo vegetal
1 ½ taza de arroz *basmati*, puesto en remojo
2 cucharadas de mantequilla
sal y pimienta negra recién molida
ramitas de cilantro y 2 huevos duros partidos en cuartos para adornar

1 Espolvoree la berenjena con sal y deje durante 30 min. Aclare, seque a golpecitos y corte en dados. Corte en dados las chirivías. Pique la cebolla y póngala en una batidora con el ajo y el jengibre. Añada 2-3 cucharadas de agua y mezcle hasta que obtenga una pasta.

2 Corte en láminas finas el resto de las cebollas. Caliente 3 cucharadas de aceite y fría suavemente durante 10-15 min, hasta que estén bien doradas. Aparte la sartén y escurra. Añada ¼ taza de los anacardos a la sartén y rehogue durante 2 min. Añada las pasas sultanas y fría hasta que se hinchen. Sáquelas de la sartén y escurra.

3 Añada la berenjena en dados y las láminas de pimiento a la sartén y rehogue durante 4-5 min. Escurra en papel de cocina. Fría las chirivías durante 4-5 min. Eche el resto de los anacardos y fría durante 1 minuto. Páselo al plato de las berenjenas.

4 Añada el resto del aceite a la sartén. Añada la pasta de cebolla. Fría removiendo, a fuego moderado durante 4-5 min, hasta que se dore. Eche el comino, el cilantro y el chile en polvo. Fría removiendo, durante 1 minuto. Baje el fuego y añada el yogur.

5 Lleve la mezcla a ebullición y eche el caldo, las chirivías, la berenjena y los pimientos, sin dejar de remover. Sazone, tape y cueza a fuego lento durante 30-40 min, hasta que las chirivías estén tiernas, después páselo a una cacerola. Precaliente el horno a 150 °C/300 °F.

6 Escurra el arroz y añada a 1 ¼ tazas de agua salada hirviendo. Cueza durante 5-6 min.

7 Escurra, después, amontónelo encima de las chirivías. Con el mango de una cuchara de madera, haga un agujero a través del arroz. Reparta por encima del arroz la cebolla reservadas, las nueces y las uvas sultanas y salpique con mantequilla. Cubra con una doble capa de papel de aluminio y una tapa. Cueza en el horno durante 35-40 min. Sirva adornado con cilantro y huevos.

Pastel sabroso de nuez

De gran calidad, este delicioso pastel de nuez es una maravillosa comida para el verano o una perfecta comida para un picnic.

8 personas

INGREDIENTES

1 cucharada de aceite de oliva y otra más para engrasar
1 cebolla picada
1 puerro picado
2 ramas de apio, picadas finas
3 tazas de champiñones picados
2 dientes de ajo, machacados
425 g/15 oz de lentejas verdes en lata, enjuagadas y escurridas
1 taza de frutos secos mezclados, como avellanas, anacardos o nueces de Brasil, picadas finas
½ taza de harina integral
½ taza de queso Cheddar duro rallado
1 huevo batido
3-4 cucharadas de hierbas frescas variadas y picadas
sal y pimienta negra recién molida
ramitas de perejil de hoja aplastada y cebollino para adornar

1 Precaliente el horno a 190 °C/375 °F. Engrase ligeramente y forre la base y los lados de un molde alargado de 900 g/2 lb.

CONSEJOS: Si lo prefiere, use 150 g/5 oz de lentejas secas. Lave las lentejas y póngalas en una cacerola, cubra con agua y cueza durante 30-45 min, hasta que estén tiernas.

2 Caliente el aceite en una cacerola grande. Añada la cebolla, el puerro, el apio, los champiñones y el ajo, y cueza suavemente, moviendo de vez en cuando, 10 min, hasta que las verduras se ablanden.

3 Añada las lentejas, los frutos secos, la harina, el queso, el huevo y las hierbas. Sazone con sal y pimienta y mezcle.

4 Eche cucharadas de la mezcla en el molde preparado y nivele la superficie. Cueza al horno, sin tapar 50-60 min o hasta que la mezcla esté ligeramente marrón por encima y consistente al tacto.

5 Deje enfriar el pastel, después dele la vuelta en una fuente de servir grande y quite el papel. Sirva caliente o frío, cortado en rebanadas y adornado con ramitas de perejil de hoja plana y cebollino.

VARIACIÓN: Puede variar el sabor de este pastel usando zanahoria rallada en lugar del puerro, lentejas marrones y queso ahumado.

Fideos fritos vegetarianos

Dejando las verduras sin pelar cuando le sea posible no sólo aumenta la cantidad de fibra sino que también ayuda a conservar sus vitaminas y minerales.

4 personas

INGREDIENTES
2 huevos
1 cucharadita de chile en polvo y
1 cucharadita de cúrcuma
4 cucharadas de aceite vegetal
1 cebolla grande, en láminas finas
2 chiles rojos, sin pepitas y en rodajas finas
1 cucharada de salsa de soja
2 patatas grandes cocidas sin pelar, cortadas en dados pequeños
1 bloque de tofú frito, en láminas
1 taza de brotes de soja
¾ de taza de judías verdes, escaldadas
350 g/12 oz de fideos de huevo gruesos
sal y pimienta negra recién molida
cebolletas en rodajas para adornar

1 Bata los huevos ligeramente, después cuélelos en un cuenco. Caliente una sartén para hacer tortillas ligeramente engrasada. Vierta la mitad del huevo, de forma que apenas se cubra la base de la sartén. Cuando el huevo esté cuajado, dele la vuelta a la tortilla y fría un poco el otro lado.

2 Deslice la tortilla en un plato, seque con papel de cocina, enrolle y corte en tiritas. Haga una segunda tortilla y córtela también en tiras. Reserve.

3 En una taza, mezcle el polvo de chile y la cúrcuma. Forme una pasta, añadiendo, sin dejar de remover, un poco de agua. Caliente el aceite en un wok o sartén grande. Fría la cebolla hasta que esté tierna. Baje el fuego y añada la pasta de chile, los chiles y la salsa de soja. Fría 2-3 min.

4 Añada las patatas y fríe 2 min. Mezcle con los chiles. Añada el tofú, los brotes de soja, las judías verdes y los fideos.

5 Rehogue hasta que los fideos estén cubiertos y bien calientes. Sazone con sal y pimienta. Sirva caliente, adornado con las tiras de tortilla y las rodajas de cebolleta.

Tarta de calabacín y eneldo

Aunque enriquecida con nata, esta tarta para una ocasión especial es también nutritiva y rica en fibra.

4 personas

INGREDIENTES
1 taza de harina integral sin levadura
1 taza de harina con levadura
½ taza de mantequilla sin sal, enfriada en la nevera y cortada en dados
5 cucharadas de agua helada
sal

PARA EL RELLENO
1 cucharada de aceite de girasol
3 calabacines, en rodajas finas
2 yemas de huevo
⅔ de taza de nata
1 diente de ajo, machacado
1 cucharada de eneldo fresco picado fino, más una ramita para adornar
sal y pimienta negra recién molida

1 Limpie de impurezas las harinas en un cuenco, volviendo a echar el salvado en el cuenco, después póngalo en el robot de cocina. Añada una pizca de sal y la mantequilla en dados y mezcle hasta que la pasta parezca pan rallado.

2 Poco a poco añada el agua hasta que la mezcla forme una masa. No mezcle demasiado. Deje reposar la masa envolviéndola en un film transparente y dejándola en la nevera durante 30 min.

3 Precaliente el horno a 200 °C/400 °F y engrase un molde para hacer tartas. Extienda la masa con el rodillo y colóquela en el molde. Pinche la base con un cuchillo y cueza sin relleno 10-15 min, hasta que esté ligeramente dorado.

4 Mientras tanto, caliente el aceite en una sartén y saltee los calabacines durante 2-3 min, moviendo de vez en cuando, hasta que todo esté ligeramente dorado. Mezcle las yemas de huevo, la nata, el ajo y el eneldo picado en un cuenco pequeño. Sazone al gusto con sal y pimienta.

5 Cubra el molde de tarta con capas de calabacín y vierta con cuidado la mezcla de nata. Vuelva a meter en el horno 25-30 min, o hasta que el relleno esté consistente y ligeramente dorado. Deje enfriar en el molde y después saque la tarta y sirva adornada con ramitas de eneldo.

Judías chinas guisadas con calabaza picante

Este plato poco corriente de calabaza ligeramente especiada y judías chinas proporciona una magnífica combinación de fibra y sabor.

3-4 personas

INGREDIENTES

1 ¼ taza de judías chinas, remojadas en agua fría y escurridas
1 cebolla picada
1 pimiento verde o rojo, limpio y cortado en dados
2 dientes de ajo, picados
1 cubito de caldo vegetal
1 ramita de tomillo o 1 cucharadita de tomillo
1 cucharadita de páprika
½ cucharadita de especias variadas
2 zanahorias, en rodajas
1-2 cucharadas de aceite de palma o de cacahuete
sal y salsa de pimienta picante

PARA LA CALABAZA PICANTE

675 g/1½ lb de calabaza
1 cebolla
2 cucharadas de mantequilla o margarina
2 dientes de ajo, machacados
3 tomates, pelados y picados
½ cucharadita de canela molida
2 cucharaditas de curry en polvo
un pellizco de nuez moscada recién rallada
sal, salsa de pimienta y pimienta negra recién molida

1 Ponga las judías chinas en una cacerola, cubra con bastante agua y lleve a ebullición.

2 Añada la cebolla, el pimiento verde o rojo, el ajo, el cubito de caldo, el tomillo y las especias. Cueza a fuego lento durante 45 min, o hasta que las judías estén tiernas. Sazone al gusto con sal y un poco de salsa de pimienta picante.

3 Añada las zanahorias y el aceite de palma o cacahuete, cueza durante 10-12 min, hasta que las zanahorias estén cocidas, añadiendo un poco más de agua si es necesario. Retire del calor y deje aparte.

4 Para hacer la calabaza picante, corte la calabaza en cubos y pique la cebolla fina.

CONSEJOS; Las calabazas son sabrosas. Disponibles a finales del verano, se pueden mantener hasta la primavera en un sitio fresco y seco.

5 Derrita la mantequilla o margarina en una sartén o cacerola, y añada la calabaza, la cebolla, el ajo, los tomates, las especias y el agua. Remueva bien para que se mezcle y cueza a fuego lento hasta que la calabaza esté blanda. Sazone con sal, salsa de pimienta y picante y pimienta al gusto. Sirva con las judías chinas.

Coles de Bruselas con castañas

Esta combinación es saludable y tiene un sabor delicioso.

6 personas

INGREDIENTES
450 g/1 lb de coles de Bruselas limpias
½ taza de mantequilla
3 ramas de apio, cortadas en diagonal en rodajas de 1 cm/½ in
1 cebolla grande, cortada en láminas finas
400 g/1 lb de castañas enteras en salmuera, enjuagadas y escurridas
¼ cucharadita de nuez moscada rallada
la corteza de 1 limón rallada
sal y pimienta negra recién molida

1 Cueza las coles de Bruselas en una cacerola con agua salada durante 3-4 min. Escurra bien.

2 Derrita la mantequilla en una sartén a fuego lento. Añada el apio y la cebolla y fría durante 5 min, hasta que se ablanden.

3 Suba el fuego a fuego medio y añada las castañas y las coles. Eche la nuez moscada y sal y pimienta al gusto. Fría, moviendo frecuentemente, durante 2 min. aproximadamente, hasta que se calienten.

4 Añada, sin dejar de remover, la corteza de limón rallada. Pase a un plato de servir caliente y sirva inmediatamente.

Guisantes y cebollitas

Los guisantes son una excelente fuente de fibra y resultan deliciosos con cebollitas.

6 personas

INGREDIENTES
1 cucharada de mantequilla
12 cebollitas, peladas
1 lechuga mantequilla en tiras
2 ½ tazas de guisantes frescos, sin vaina, o guisantes congelados, descongelados
1 cucharadita de azúcar
2 cucharadas de agua
2 ramitas de menta
sal y pimienta negra recién molida

1 Derrita la mantequilla en una sartén. Añada las cebollas y fría a fuego medio 10 min, justo hasta que empiece a coger color.

2 Añada la lechuga, los guisantes, el azúcar y el agua. Sazone con sal y pimienta. Lleve aebullición. Reduzca el fuego, tape y cueza a fuego lento moviendo de vez en cuando, hasta que los guisantes estén tiernos, aprox. 15 min para los guisantes frescos y 10 min para los guisantes congelados.

3 Separe las hojas de menta de los tallos. Pique finamente y reparta la menta sobre los guisantes y sirva.

Derecha: Coles de Bruselas (arriba); Guisantes

Ensalada con dátiles y manzana

Esta crujiente ensalada contiene una extraordinaria cantidad de vitamina C.

6-8 personas

INGREDIENTES
¼ de col blanca pequeña
¼ de col roja pequeña
¼ de col de Saboya pequeña
175 g/6 oz de dátiles secos sin hueso
3 manzanas
el zumo de 1 limón
2 cucharaditas de carvis (semillas de alcaravea)

PARA EL ALIÑO
4 cucharadas de aceite de oliva
1 cucharada de vinagre de sidra
1 cucharadita de miel pura
sal y pimienta negra recién molida

1 Corte la col en tiritas y póngalas en una ensaladera grande. Añada los dátiles picados. Quite el corazón a las manzanas, pero no las pele, trocéelas y póngalas en un cuenco grande. Añada zumo de limón y remueva, para prevenir que se oxide, antes de echarlo a la ensaladera.

2 Haga el aliño. Mezcle, en un bote con tapa, el aceite, el vinagre, la miel y sazone, después agite bien. Remueva bien la ensalada con el aliño, espolvoree los carvis, remueva otra vez y sirva.

Ensalada de brotes de semillas

Los brotes y las semillas tienen un alto contenido en vitaminas y minerales.

4 personas

INGREDIENTES
2 manzanas
⅓ taza de brotes de alfalfa
½ taza de brotes de soja
½ taza de brotes de judías Aduki
¼ de pepino en rodajas
1 manojo de berros, limpios
1 paquete de mostaza y mastuerzo, limpios

PARA EL ALIÑO
⅔ taza de yogur natural
zumo de ½ limón
1 manojo de cebollino
2 cucharadas de hierbas frescas picadas
pimienta negra recién molida

1 Quite el corazón y parta en láminas la manzana, sin pelar. Mezcle las manzanas, los brotes, el pepino, los berros, la mostaza y el mastuerzo en una ensaladera.

2 Bata el yogur y el zumo de limón mezclando bien. Añada, mientras remueve, el cebollino y las hierbas, y sazone con pimienta al gusto. Rocíelo sobre la ensalada y mezcle todo junto justo antes de servirlo.

Derecha: Ensalada de col (arriba); Ensalada de brotes de semillas

Ensalada de trigo partido con nueces y hierbas

El trigo partido, o trigo bulgur, ha sido tratado sólo hasta el punto en que los granos se agrietan de forma que rápidamente absorben la humedad

4 personas

INGREDIENTES
1 ¼ tazas de trigo partido
1 ½ tazas de caldo vegetal
1 palito de canela
un pellizco abundante de comino molido
un pellizco de pimienta de cayena
un pellizco de clavo molido
1 cucharadita de sal
10 vainas de guisantes, sin los extremos
1 pimiento rojo y 1 amarillo, asados, sin piel ni pepitas y cortados en dados
2 tomates de pera, pelados, sin semillas y cortados en dados
2 chalotas (ajos), en láminas finas
5 aceitunas negras, sin hueso y cortadas en cuartos
2 cucharadas de albahaca fresca triturada, otras dos de menta y otras dos de perejil
2 cucharadas de nueces picadas
2 cucharadas de vinagre balsámico
½ taza de aceite de oliva extra virgen
pimienta negra recién molida
aros de cebolla, para adornar

1 Ponga el trigo partido en un cuenco grande. Vierta el caldo vegetal en una cacerola y lleve a ebullición con las especias y sal.

2 Cueza durante 1 min, después vierta el caldo sobre el trigo agrietado y deje reposar durante 30 min.

3 Mezcle aparte las vainas de los guisantes, los pimientos, los tomates, las chalotas, las aceitunas, las hierbas y las nueces. Añada vinagre,el aceite y un poco de pimienta negra y remueva a fondo.

CONSEJOS: Para asar los pimientos, córtelos por la mitad y póngalos con la piel hacia arriba en una bandeja del horno. Métala en el horno, precalentado a 220 °C/425 °F y ase 20 min, hasta que se quemen. Métalos en una bolsa de plástico, átelos con un nudo y déjelos 10 min. Después la piel puede quitarse.

4 Escurra cualquier líquido del grano agrietado y quite el palito canela. Póngalo en un plato de servir, échelo en la mezcla de verduras frescas y sirva, adornado con los aros de cebolla.

Manzanas asadas rellenas

Ésta es una forma especialmente buena de cocinar manzanas ya que el sabor y los nutrientes permanecen dentro.

4 personas

INGREDIENTES
4 manzanas grandes para cocinar
½ taza de azúcar moreno ligero
⅓ taza de mantequilla, ablandada
la corteza rallada y el zumo de ½ naranja
¼ cucharadita de canela molida
2 cucharadas de galletas con sabor a almendras, machacadas
½ taza de nueces pacanas (nueces lisas), picadas
⅓ taza de fruta escarchada mezclada, picada

1 Precaliente el horno a 180 °C/350 °F. Quite el corazón de las manzanas, después duplique el hueco del corazón quitando más pulpa con un despepitador. Parta cada manzana en dos. Ponga las mitades de pie en un plato de servir.

2 Mezcle el azúcar, la mantequilla, la corteza de naranja y el zumo, la canela y las migas de galletas de almendras. Bata bien y eche las nueces y la fruta escarchada.

3 Reparta el relleno entre las manzanas, formando montoncitos. Proteja el relleno con papel de aluminio. Ase las manzanas 45-60 min, hasta que estén tiernas.

Papaya asada con jengibre

Además de ser deliciosa, la papaya ayuda a hacer la digestión, así que éste es el postre ideal para servir al final de una sustanciosa comida.

4 personas

INGREDIENTES
- 2 papayas maduras
- 2 trozos de raíz de jengibre en almíbar, escurrido, más 1 cucharada del jarabe de la jarra
- 8 *amaretti* (galletas italianas de almendras) u otras galletas de postre, machacadas
- 3 cucharadas de uvas pasas
- la corteza rallada fina y el zumo de 1 lima
- ¼ taza de pistachos, picados
- 1 cucharada de azúcar moreno
- 4 cucharadas de nata líquida, más otra para servir

1 Precaliente el horno a 200 °C/400 °F. Corte las papayas por la mitad y quite las pepitas. Ponga las mitades en un plato resistente al horno y deje aparte. Corte la raíz de jengibre en bastoncitos finos.

2 Mezcle las galletas machacadas, la raíz de jengibre y las pasas en un cuenco. Eche la corteza y el zumo de lima, ⅔ de los pistachos, el azúcar y la nata líquida.

3 Rellene las mitades de la papaya y rocíe con el almíbar. Espolvoree con el resto de los pistachos. Ase durante 25 min o hasta que estén tiernos. Sirva con nata líquida.

Pudin invertido de piña y melocotón

Una deliciosa combinación de piña y melocotón. Sirva este postre con natillas bajas en grasa o helado para crear un postre realmente saludable.

6 personas

INGREDIENTES
5 cucharadas de sirope dorado
225 g/8 oz de dados de piña de lata en zumo
¾ de taza de melocotones secos listos para comer
¾ taza de azúcar extrafino
8 cucharadas de mantequilla o margarina semigrasa
1 ½ taza de harina integral con levadura
1 cucharadita de levadura
2 huevos

1 Precaliente el horno a 180 °C/350 °F. Engrase ligeramente un molde para hacer pasteles de 18 cm/7 in de base y forre la base con papel para horno antiadherente.

2 Caliente suavemente el sirope dorado en una cacerola, hasta que esté muy líquido y viértalo sobre la base del molde, mueva el molde para que se cubra completamente.

3 Escurra la piña, reservando 3 cucharadas del zumo. Mezcle la piña con los melocotones y repártalo sobre la capa de jarabe.

4 Ponga el azúcar extrafino, la mitad de la mantequilla o margarina semigrasa, la harina, la levadura, los huevos, y el zumo de piña reservado en un cuenco y bata todo junto hasta que se forme una pasta suave.

5 Derrame la mezcla del pastel uniformemente sobre la fruta y nivele la superficie. Cueza al horno 45 min, hasta que haya subido y esté dorado. Dele la vuelta con cuidado en un plato de servir. Sirva caliente o frío en porciones.

VARIACIÓN: Otras combinaciones de fruta en lata y seca resultan igual de buenas, como los albaricoques, y las peras o los melocotones e higos.

Pastel de zanahorias y coco

Este agradable pastel, hecho con una deliciosa combinación de sabores, es un sano bocado con el café de la mañana.

10 personas

INGREDIENTES
½ taza de mantequilla o margarina semigrasa
½ taza de azúcar extrafino
2 huevos
1 ½ tazas de harina con levadura, tamizada
3 tazas de salvado
1 cucharadita de levadura, tamizada
aprox. 6 cucharadas de leche desnatada
1 ⅔ tazas de zanahorias ralladas
1 ¼ tazas de coco seco rallado
⅓ taza de pasas sultanas
la corteza de una naranja finamente rallada
1-2 cucharadas de azúcar moreno granulado, para espolvorear

1 Precaliente el horno a 180 °C/350 °F. Engrase un molde para tartas profundo de 18 cm/7 in y forre con papel antiadherente. Ponga la mantequilla o margarina, el azúcar extrafino, los huevos, la harina, el salvado, la levadura y la leche y bata todo junto hasta que esté mezclado.

2 Incorpore las zanahorias, el coco, las pasas, la piel de naranja y más leche si es necesario, hasta conseguir una consistencia que gotee.

3 Eche cucharadas de mezcla en el molde preparado y nivele la superficie con una paleta.

VARIACIÓN: Si está introduciendo fibra en tu dieta gradualmente, puede reemplazar el salvado en esta receta por 50 g/2 oz o ½ taza de harina integral con levadura.

4 Espolvoree la parte de arriba con azúcar granulado y cueza al horno durante 1 h, hasta que se levante, y esté dorado y consistente al tacto. Deje enfriar en el molde durante unos minutos, después páselo a una rejilla para enfriar completamente. Sirva en trozos.

Bizcocho integral de manzanas, albaricoques y nueces

Corte un trozo de este bizcocho de frutas para tener un bocado sano cada vez que sienta que sus energías empiezan a decaer.

10-12 rebanadas

INGREDIENTES
2 tazas de harina integral sin levadura
1 cucharadita de levadura
una pizca de sal
½ taza de margarina de girasol
¾ taza de azúcar moreno suave y ligera
2 huevos ligeramente batidos
la piel y el zumo de una naranja
½ taza de nueces picadas
¼ taza de albaricoques secos, listos para comer, picados
1 manzana grande
aceite, para engrasar

1 Precaliente el horno a 180 °C/350 °F. Forre y engrase un molde de 900 g/2 lb con papel antiadherente.

2 Tamice la harina, la levadura y la sal en un cuenco, eche el salvado que haya quedado en el colador a la mezcla. Añada la margarina, el azúcar, los huevos, la piel de la naranja y el zumo. Remueva y bata con las varillas de una batidora eléctrica hasta formar una pasta suave.

3 Eche las nueces picadas y los albaricoques. Parta en cuartos, pele y quite el corazón de las manzanas, pique y añada la mezcla. Remueva para que se unan bien todos los ingredientes, después vierta la mezcla en el molde preparado y nivele por encima.

4 Cueza en un horno durante 1 h o hasta que cuando inserte un pincho en el centro del pastel, éste salga limpio. Enfríe en el molde durante 5 min, después páselo a una rejilla y quite el papel de forrar.
Deje que se enfríe completamente.
Cuando esté frío, guarde el bizcocho en una tartera hermética.

Barritas de muesli con frutas

Estas barritas de muesli con frutas son un apetitoso bocado rico en fibra y nutritivo.

10-12 barritas

INGREDIENTES
½ taza de margarina semigrasa, y algo más para engrasar
½ taza de azúcar moreno suave y ligero
3 cucharadas de sirope dorado
1 ¼ taza de muesli, al estilo suizo, sin azúcar añadido
½ taza de copos de avena
1 cucharadita de especias variadas molidas
⅓ taza de pasas sultanas
⅓ taza de peras secas listas para comer, picadas

1 Precaliente el horno a 180 °C/350 °F. Engrase ligeramente un molde cuadrado de 18 cm/7 in.

2 Ponga la mitad de la margarina semigrasa, el azúcar y el sirope dorado en una cacerola y caliente despacio, removiendo constantemente, hasta que se derrita y mezcle bien.

3 Quite la cacerola del calor, añada el muesli, los copos de avena, las especias variadas, las uvas sultanas y las peras picadas, y mezcle bien.

4 Pase la mezcla al molde preparado y nivele la superficie, presionando consistentemente con una cuchara.

5 Cueza al horno durante 20-30 min, hasta que esté dorado. Enfríe durante unos minutos en el molde, después marque 10-12 barritas con un cuchillo afilado. Deje que se afiance.

6 Cuando esté consistente al tacto, saque las barritas de muesli del molde con un cuchillo plano y póngalas en una rejilla para que se enfríe completamente. Las barritas pueden guardarse en un recipiente hermético durante varios días.

VARIACIÓN: Una combinación de copos de avena y harina de avena puede usarse en lugar del muesli. O también se pueden usar nueces picadas, pasas y avellanas. Machaque las nueces si las barritas son para niños pequeños.

Notas

Para las recetas, las cantidades se expresan utilizando el Sistema Métrico Decimal y el Sistema Británico, aunque también pueden aparecer en tazas y cucharadas estándar. Siga uno de los sistemas, tratando de no mezclarlos, ya que no se pueden intercambiar.

Las medidas estándar de una taza y una cucharada son las siguientes:

1 cucharada = 15 ml

1 cucharadita = 5 ml

1 taza = 250 ml/8 fl oz

Utilice huevos medianos a menos que se especifique otro tamaño en la receta.

Abreviaturas empleadas:

kg = kilogramo

g = gramo

lb = libra

oz = onza

in = pulgada

l = litro

ml = mililitro

fl oz = onza (volumen)

h = hora

min = minuto

s = segundo

cm = centímetro

C/ Primavera, 35
Polígono Industrial El Malvar
28500 Arganda del Rey
MADRID-ESPAÑA

ISBN: edición tapa dura 84-9764-016-0 - edición rústica 84-9764-056-X
Depósito legal: M-52638-2003
Impreso en: COFÁS

Traducido por: Perfect Lingua (Inmaculada Aranda)

Fotografía: William Adams-Lingwood,
Karl Adamson, Edward Allwright, James Duncan,
John Freeman, Michelle Garrett, Amanda Heywood,
David Jordan, Patrick McLeavey,
Michael Michaels, Thomas Odulate.

IMPRESO EN ESPAÑA – PRINTED IN SPAIN